저 푸른 바람 소리

시조사랑시인선 62

박무성 시조집

■
저 푸른 바람 소리

열린출판

저 푸른 바람 소리

1판 1쇄 발행 2025년 6월 30일

지은이 | 박 무 성
펴낸곳 | 열린출판
등록 | 제 307-2019-14호
주소 | 경기도 고양시 덕양구 권율대로 656, 1401호
전화 | 02-6953-0442
팩스 | 02-6455-5795
전자우편 | open2019@daum.net
디자인 | SEED디자인
인쇄 | 삼양프로세스

ⓒ 박무성, 2025
ISBN 979-11-91201-87-1 03810

*책값은 뒤표지에 표시되어 있습니다.
*저자와 협의하여 인지를 생략합니다.

■**시인의 말**

세상은 변하여도
사랑은 늘 푸르게 존재하는 것
내가 보내지 않는 한,
떠나도 가슴에 남는 것

그러기에,
자연과 인생을 노래하고
때로는 사랑과 추억, 그리움과 외로움을
진솔한 마음으로 그려 보았지만
왠지, 기쁨보다 걱정이 앞서는 것은 왜일까,
부족한 점이 많기 때문일 것이다

저 푸른 바람 소리는 희망의 씨앗이리라
모든 이의 가슴에
파란 사랑의 싹을 틔워
아름다운 삶의 꽃을 활짝 피우기를
간절히 소망하면서,

2025년 5월 25일
박무성

■ 차례

•시인의 말 _ 5

제1부 푸른 천년

소망 · 15
노을 강 · 16
밤바다 · 17
향수鄕愁 · 18
푸른 천년 · 19
상감청자 · 20
행복을 줍는 사람 · 21
세월 · 22
단풍 교향곡 · 23
얼굴 · 24
노을 화가 · 25
대나무 · 26
임하호에서 · 27
여백의 미학 · 28
간고등어의 변론 · 29
동백꽃 · 30
산중일락山中逸樂 · 31
녹색지대(그린벨트) · 32
소금 · 33
판소리 · 34

제2부 백설 축제

산촌의 아침 ········· 37
벚꽃 지다 ··········· 38
어머니 별당 ········· 39
홍매화 ············· 40
그네뛰기 ············ 41
달 ················ 42
능소화 ············· 44
나비 ··············· 45
천상의 사랑 ········· 46
어미 새 ············· 47
사랑 무상 ··········· 48
메밀묵 ············· 49
만년 청춘 ··········· 50
몸살 난 지구 ········ 51
봄날의 호수 ········· 52
담쟁이 ············· 53
그러다, 그러다가 ····· 54
안동 월영교 ········· 55
낙락장송 ··········· 56

제3부 물레방아

빈손 ································· 59
겨울 갈대 ···························· 60
모정의 그림자 ······················· 61
복사꽃 ································ 62
청보리밭 ····························· 63
노송의 세월 ························· 64
물레방아 ····························· 65
풍경소리 ····························· 66
첫눈 ·································· 67
어중간 인생 ························· 68
능수버들 ····························· 69
늦바람 ······························· 70
실개천 ······························· 71
죽향竹香 ····························· 72
김장 날 ······························ 73
철마의 탄식 ························· 74
바다의 호소 ························· 75
잡초 ·································· 76
석양 길에서 ························· 77
호수에 잠든 전설 ··················· 78

제4부 초록의 날

파도 · 81
눈먼 사랑 · 82
백목련 · 83
초록의 날 · 84
설중매 · 85
가을비 · 86
산촌의 봄 · 87
눈사람 · 88
산수유 · 89
장맛비 · 90
자비의 도량 · 91
신혼新婚 · 92
억새 · 93
미혼未婚 · 94
소쩍새 · 95
미루나무 · 96
무인도 · 97
임진강 · 98
마스크 시대 · 99
민들레 · 100

제5부 바람의 향기

초승달 ················· 103
인동초 ················· 104
봄 아가씨 ··············· 105
낙일落日 ················ 106
밤 버들 ················· 107
옹이 ··················· 108
진달래 ················· 109
은행나무 ················ 110
새참 ··················· 111
접시꽃 ················· 112
삶의 진실 ··············· 113
바람의 향기 ············· 114
탈놀이 ················· 115
만추의 고향 집 ··········· 116
코스모스 ················ 117
묵죽화墨竹畵 ············· 118
추억의 간이역 ············ 119
둘만의 외식 ············· 120
말하는 거울 ············· 121
새벽 산경山景 ············ 122

제6부 달빛 속에 피는 꽃

만족 ··· 125
정情 ··· 126
호미 ··· 127
그림의 떡畵中之餠 ······························· 128
할미꽃 ·· 129
회춘回春 ·· 130
낙엽 연서 ·· 131
시선 교정 ·· 132
달빛 속에 피는 꽃 ······························ 133
물망초 사랑 ······································· 134
그리움 ·· 135
조급증 ·· 136
뜬소문 ·· 137
그루터기 ··· 138
마당놀이 ··· 139
한복의 멋 ·· 140
이끼 ··· 141
아버지와 막걸리 ································ 142
헛바람 ·· 143
가로수 아래 ······································ 144

제7부 유랑자

피에로 ···································· 147
수양修養의 빛 ···························· 148
유랑자 ···································· 149
낙화 ······································ 150
팽이 ······································ 151
밤비 ······································ 152
오월의 여인 ······························ 153
갇힌 꽃 ··································· 154
눈도장 ···································· 155
물길 ······································ 156
물결벽화 ·································· 157
가랑잎 소리 ······························ 158
부엉이 ···································· 159
오솔길 ···································· 160
이별 애상 ································· 161
김치 ······································ 162
까만 봄날 ································· 163
마음 ······································ 164
늙은 의자 ································· 165
허수아비 ·································· 166

■해설: 말 없는 실존의 풍경__167

제1부 푸른 천년

소망

응달쪽
눈 무더기
꿋꿋한 겨울 초병

노란 햇살 입맞춤에
흥건한 봄물 축제

초록빛
융단을 펴야지,
고운 꽃님 오시게

노을 강

허전한 마음 조각
강물에 풀어놓고

반쪽의 사랑으로
노을 강 건너려니

구멍 난
인생 나룻배
뱃사공이 그립다네

밤바다

석양이 뉘엿뉘엿 밤바다에 눕는다
어제를 지키려다 오늘을 잃는대도
사랑아,
아프지 마라
출렁이는 삶이다

절정이 하도 높아 맴돌던 파도였다
이제야 돌아앉아 욕망을 삭히려니
오동통
배부른 달님
넉살스레 웃는다

밤바다 가슴팍은 배려의 품도 넓다
한세월 파도 위에 자유를 풀어놓고
썰물은
밀물인 채로
푸른 꿈을 낚는다

향수鄕愁

무시로 불어오는
나그네 고향 바람

세월이 흐를수록
젊음으로 오는 산천

낙엽이
진다고 한들
신록의 날 잊으리까

푸른 천년

천년은 푸르리다, 벼랑 위 작은 노송
선학이 날아들어 새하얀 꽃이 되니
저 세월
한눈팔다가
가는 길을 잃었다네

시름의 조각들은 바람의 몫이라며
태연히 돌아앉아 파란 꿈 펼쳐 들고
푸르르,
돋치는 청향
허공으로 날리네

세파에 초연해서 늘 푸른 우상이다
비좁은 바위틈에 발 뻗고 유유자적
오랜 벗
구름 있으매
천년인들 길겠소

상감청자

천년의 혼을 담은
비색자기 찬연하다

기발한 상감 기법
문양마다 꿈틀꿈틀

현란한
도공의 손길
물레타는 푸른 영혼

행복을 줍는 사람

골목길 돌고 돌아
수레 가득 웃음 만발

폐지는 무겁지만
마음만은 깃털인데

할머니
등을 누르는
황혼 무게 천근이다

세월

세월은 채권자다
시간이란 임대 놓고

사용료 낼 때마다
얼굴에다 주름 표시

하루도
거르지 않고
찾아오는 불청객

단풍 교향곡

오색 빛
여린 선율
가을 악장 피날레

온 가슴 울긋불긋
환희로 적시다가

산바람
시린 변주에
출렁이는 황홀경

얼굴

날마다
쳐다보는
나리꽃 얼굴 있다

가을이
올 때까지
고왔던 내 사랑 꽃

아뿔싸,
쇠심줄 같은
거미줄을 못 봤네

노을 화가

무엇을 그렸더냐,
산천을 돌고 돌아

새파란 도화지에
자꾸만 노을 치레

욕망이
가슴을 치니
그리움만 숨차지

대나무

풍진에 물들세라
댓바람에 솟구치네

비운 속 마디 맺어
올곧게 서 있음에

사시절
절조의 빛이
초록으로 번뜩이지

임하호에서

칠백 리 낙동강 물
쉬었다 간다더냐
산허리 잘라놓고 옛 물길 막았으니

호수에
잠긴 내 고향
눈에 박힌 화석이다

반변천 굽이굽이
삶의 터 낙원 둥지
우거진 초목 덩굴 옛 흔적 아득한데

이 가을
석산石山 머리엔
고운 단풍 예사롭다

여백의 미학

상상의 큰 그릇은
비워 두는 것이라지

채우려 애쓴다면
우주는 없는 거지

사군자
여백 공간에
천지 만물 있다마다

간고등어의 변론

눈뜨고 굳은 몸을 막무가내 소금 뿌려
은은한 숯불에다 노릇노릇 굽더라니
죽어서
진미 반열에
올랐으니 망정이지

대양을 주름잡고 활개 치며 살았는데
유혹의 덫에 걸려 내일 없는 신세 됐다
구워라,
별미라면은
비린 생선 해탈이다

동백꽃

얼마나 보고프면
미소마저 붉으리까

그리움에 멍들었나,
어쩌자고 이러시오

흐벅진
사랑 꽃송이
차라리 빨간 눈물

산중일락 山中逸樂

한적한 산골짝에 삶의 종이 울린다
빛 고인 양지 녘에 초가삼간 틀고 앉아
문풍지
바람에 우니
시름 곡조 절창이다

하늘 문 절로 열려 푸른빛 쏟아내니
풀싹들 고개 들어 샘물인 양 치솟는다
적막에
촛불을 드니
삼라만상 벗이로다

녹색지대(그린벨트)

녹색띠 풀어놓고 회색빛 궁전 건설
자연 보호 유명무실 숨통을 조이는데
생명줄
저 푸른 산야
어쩌자고 헤집더냐

약수터, 둘레길도 자고 나면 딴 세상
초록이 춤을 추던 그 시절을 잊었는지
상흔만
드러내놓고
봄 온 줄도 모르네

후세들 안식 터전 야금야금 벗겨놓고
문명 길 쫓으려다 녹색 젖통 엎지를라
밤보다
어두운 내일
달님에게 물어볼까,

소금

불볕에 몸을 태워 쏟아낸 하얀 결정
영구히 변치 않을 명불허전 진실 사리
짜다고 말하지 마라,
썩지 않는 보석이다

이 몸이 이래 봬도 천하제일 짠돌이다
억센 놈 기죽이고, 넋 나간 놈 절여두고
싱겁게 나대는 놈들
두 눈 뜨고 못 보지

푸르러 출렁이던 한 시절의 꿈 바다여
환생의 파도 넘어 소금꽃을 피웠더라
짠물로 살아온 덕에
반짝이는 유산이다

판소리

폭포수 굉음 뚫고 포효하는 백호 있다
부챗살 접고 펴며 목청껏 소리치니
초목은
소스라치며
푸른 귀를 세운다

진양조 중모리에 석산이 움찔대다
자진모리 휘모리에 절벽 낙수 망연자실
득음은
오색 찬연히
소리 빛을 밝힌다

고수의 북장단에 신명내는 소리꾼
인생사 희로애락 목청으로 줬다 폈다
영혼을
깨우는 울림
명품 예술 우리 소리

제2부 백설 축제

산촌의 아침

새벽닭 울음 새로
먼동트는 어둠 둥지

골안개 해를 치며
청산 절경 낳고 가니

모천母天은
낮달을 품고
하얀 날만 굴리네

벚꽃 지다

외 줄기
봄바람에
속절없이 혼비백산

백옥의
별 무리가
푸른 하늘 유영하듯

한 시절
하얀 쉼표들
신록의 강 비켜 가네

어머니 별당

뒷마당 장독간은
어머니의 정성 별당

반지레 올망졸망
윤이 나던 그 자리에

봉선화
빨간 꽃잎만
그날처럼 빛나요

홍매화

설한의
탯줄 끊고
꽃망울로 태어난 몸

봄 햇살 간질임에
터져버린 붉은 정열

수절한
꽃잎의 빛살
시린 절조 마침표다

그네뛰기

창포 향 휘날리며 치솟고 물러나는
어여쁜 그 몸짓이 한 마리 꽃나비다
창공을
헤고 싶더냐,
바람 타는 처녀야

단옷날 전통 놀이 아찔한 공중곡예
얄따란 치맛자락 우아한 날갯짓을
그 누가
멎게 하리오,
하늘빛은 노란데

달

눈썹달
배부른 달
들쭉날쭉 변신 행각

물컹한 은빛 타래
어둠 속에 풀어놓고

밤마다
헤진 그리움
자아내는 물레다

백설 축제

혹한을 삭히려나
적막강산 절이려나

흐벅진 백설 위에
환희의 덫을 놓고

뽀드득,
발길 깨무네
시름의 빛 지우라고

능소화

울타리
저 너머로
쏘는 눈짓 아찔하다

주황색
꽃수 놓은
하늘 방석 깔고 앉아

도도히
던지는 추파
살맛 나는 아양이다

나비

앉으면 꽃이 되고
날개 펴면 나비 되고
몸뚱인 하나인데 자유로운 영혼은 둘

올 때도
떠나갈 때도
꽃이 되는 나비다

머리에 앉았다가
가슴에도 앉았다가
잡으려 손 내밀면 사뿐히 뜨는 나비

멀쩡히
두 눈을 뜨고
청산 옛 임 꿈꾸네

천상의 사랑

고통의 날이 된다,
젊은 그대 꽃필 때면

내 맘에 부서지는
못다 한 사랑의 빛

세월이
흘러갈수록
붉게 피는 사람아

어미 새

간신히 가지 끝에 삶의 둥지 틀었건만
새끼들 배고프다 보채며 울부짖네
어쩌랴,
산천을 돌아
사랑 한입 물고 온다

내일은 무엇으로 행복을 채워줄까
찬바람 스미는 밤 날개 품에 쓸어안고
희뿌연
달빛 자락에
근심 한입 내뱉는다

부리가 해지도록 먹이고 길렀건만
두 날개 퍼덕이며 제 살길 찾아가네
이별은
숙명이지만
대궐 같은 빈 둥지다

사랑 무상

저 벌들 제멋대로
꽃잎을 사모하다

무서리 허세 춤에
넋 잃은 일편단심

한 시절
사랑의 불꽃
박제된 연정이다

메밀묵

하얗게
새하얗게
피어난 씨받이 꽃

볕에 글린 엄마 암술
내뱉은 모난 자식

목말木末로
앙금을 뜨니
탱글탱글 새 얼굴

만년 청춘

석양은 기울어도 파릇한 인생이다
나이를 잊고 사는 백발 청춘 나그네야
이토록
하얀 눈발은
오만불손 객이더냐

탈색된 존재들도 고상한 품격이다
저만치 세월 두고 청심으로 사는 판에
하물며
푸른 영혼에
황혼이야 깃들쏘냐

몸살 난 지구

빙산도 물고기도 뜨겁다고 난리다
허연 배 드러내고 하늘만 멀뚱멀뚱
얄궂은
나의 일광욕
숯덩이가 될 거다

가뭄에 불볕더위, 긴 장마에 집중호우
해수가 열 받으니 만년설이 울고 있다
비지땀
구슬을 엮는
생태계는 어쩌라고,

온난화 기후재난 지구의 몸살 경고
꼴불견 이전투구 서로가 네 탓 공방
벽옥색
아름다운 별
온실기체 소굴 될라

봄날의 호수

봄볕에 꼬물꼬물 선잠 깬 호숫물에
오리는 파문 낳고
강태공은 세월 낚고

초록 눈
살포시 뜨고
생긋 웃는 버들이다

신선한 공기만은 얼마든지 무료 제공
호수는 낭만이요
실바람은 꿈결이라

봄날을
줍는 사람들
물결 위에 아롱지네

담쟁이

덩굴손 길게 뻗어 어디든 기어올라
삭막한 여백에다 초록으로 물들이네
한 시절
풋풋한 기상
빛나는 청춘이다

설한풍 치는 날엔 얼기설기 그물 엮어
담벼락 냉가슴을 언 손으로 감싸 안고
거미줄
벽화를 그린다,
붓 아닌 맨몸으로

그러다, 그러다가

아마도, 내 가슴이 파도인가 봅니다
기쁨이 출렁대고 슬픔이 일렁대는
저 물결 따라가다가
한세월을 보냅니다

어쩌면, 내 마음이 구름인가 봅니다
천상의 화폭에다 만상을 그려놓고
저 바람 잠재우려다
미련만을 남깁니다

웃음이 보약이다, 모를 리 있으리까
비움이 평안이다, 그 진리 모르리까
좋은 말 쫓아가다가
한 인생이 저뭅니다

안동 월영교

은은한 조명들은 가신님의 혼불인가
물결에 아롱지는 애틋한 사랑의 빛
밤하늘 어둠 사이로 숨어 피는 그리움

떠나고 남는 것이 무에 그리 대수런가
세월이 흘러가도 추상같은 정 있으매
오색 빛 물결의 비늘 사랑으로 춤추지

저리도 아린 달빛 밤마다 찾아들어
영원히 아름다운 그리움 밝히라는
숭고한 사랑의 전설 출렁이는 월영교

낙락장송

벼랑 끝 산마루에 등 굽은 저 소나무
겉껍질 틈새에다 묵은 세월 숨겨둔 채
초록빛
바늘 잎새만
오래도록 청춘이네

지난날 함께했던 솔가리 무덤 딛고
청록빛 가지들은 변함없이 영원한데
한 백 년
우리네 인생
무엇으로 청청할꼬

세속에 초연하니 영생도 푸르리라
절조의 등불 밝힌 그 기품 고상하매
헛치레
바람 둥지는
아예 비워 둔다지

제3부 물레방아

빈손

그 사람
손을 잡고
걸어가면 좋으련만,

봄꽃이 흐드러진
들길을 홀로 걷다

서먹한
아름다움을
뿌리치고 갑니다

겨울 갈대

빛바랜 누런 옷에
뭉글 핀 백발이라

삭풍에 이끌리어
사각사각 춤추지만

연둣빛
가슴 여는 날
녹수청산綠水靑山 벗 되리다

모정의 그림자

낳은 정 기른 정은 활화산 불꽃인데
보은은 무슨 보은, 번갯불 세월인데
웃음을 베고 누워도
베갯잇이 젖는다

빈 배를 채워주던 가슴 언덕 두 봉오리
뜨거운 사랑 빛에 허물어져 내렸다지
봉곳이 솟은 꽃망울
내 입으로 꺾었다지

달빛에 어룽대는 모정의 옛 그림자
말없이 젖어 드는 회한의 계곡에는
풀벌레 울음소리만
까만 밤을 달래네

복사꽃

연분홍 치장하고
봄 햇살 모자 쓰고

실없는 바람결에
우수수 기절초풍

감춰둔
소녀의 설렘
폭발하는 불꽃이다

청보리밭

주름진
저 보리밭
땀에 젖어 푸르더냐

파도치듯 넘실넘실
배부른 날 올 거라고

그 옛 임
한숨 소리에
멍이 들어 푸른 거지

노송의 세월

청향에 이골나면
늙음도 청춘이다

저 노송 변함없이
오늘도 푸르구나

이보게,
세월의 강이
벽계수가 아니런가

물레방아

넘치면 비우는 게
물방아 생존 비법
한 모금 마신 물로 빈 배를 채웠더냐

덜커덩,
내려앉았다
아연실색 뒷걸음

달빛도 수줍은 양
살며시 내리는 밤
풋내기 들뜬 사랑 어둠을 삭히려다

철퍼덕,
낙수 소리에
콩알 가슴 콩다콩!

풍경소리

얕은 듯
깊은 울림
산 넘어 하늘 멀리

청풍의 씨줄 날줄
인연으로 엮어놓고

땡그랑!
청아한 소리
세속 번뇌 지우리까

첫눈

밤과 낮
구별 없이
고요히 오는 손님

순결한
그 맵시가
두 눈을 사로잡아

얼룩진
가슴 감추고
포옹으로 첫인사

어중간 인생

그릇의 아름다움
비워야만 보이는데

수북한 음식 그릇
안 먹어도 배부른데

내 그릇
보리쌀 한 톨
이래저래 얼치기다

능수버들

치렁한 청포 자락 바람결에 일렁일렁
허세의 몸짓인가, 휘청대는 저 모습이
연둣빛
하늘가 너울
풍류놀이 가관일세

올올이 푸른 넉살 낭만으로 너풀너풀
해탈의 경지인가, 능청맞은 춤사위가
한 시절
청춘의 곡예
유유자적 한갓지네

늦바람

한세상
돌아 나온
떠돌이 낭만 바람

아직도
춤 나들이
청산은 망연자실

석양도
비켜서 간다,
푸른 유랑 앞에서는

실기론

한여름철 뙤약볕에
신음하는 꾀병 환자

소낙비 링거 한 방
실핏줄에 닿자마자

시퍼런
핏대 세우며
신명 나게 졸졸 졸!

죽향竹香

꼿꼿한
저 댓줄기
비움으로 바로 서니

청록빛 여린 댓잎
북풍한설 타고넘네

논개의
곧은 절개더냐
청음淸陰 향기 그윽하다

김장 날

축 처진 배춧잎이
시뻘겋게 불타는 날

삼겹살 보쌈 자루
입속에서 버둥대니

이빨 새
고춧가루가
태양처럼 웃는다

철마의 탄식

남북을 오고 가던 그때를 잊었더냐
고철로 변해버린 신세가 한스러워
오갈 곳
지워버리고
죽은 듯이 누워 있다

이었다 끊었다가 자가당착 억지 놀음
핏줄이 막혔으니 심장마비 일보 직전
몸마저
녹이 슬어서
망부석이 된 꼴이다

바다의 호소

탈취는 당연지사, 보전은 자유방임
고물상도 유분수지 폐기물은 절대 사양
뱃속이
더부룩해서
토할 것만 같아요

너울춤 반짝임이 마음에 드신다죠
파도에 몸 맡기고 즐거움을 취한다니
청결한
나의 품속이
그립기도 하겠네요

나는요, 청정 바다 꽃잎도 마다해요
버리고 흘러드는 쓰레기가 역겨워요
이 몸이
아파할까 봐,
갈매기가 울어요

잡초

이름이 있음에도 뭉뚱그려 잡초라네
뽑히고 잘리어서 버려지는 설움 살이
산다는 이유마저도
속울음에 잠기네

모질게 살아나서 어엿한 꽃 피우니
인고의 나날들이 풀꽃 향의 빛일레라
멸시를 당연시하는
곁눈질이 두려울 뿐,

엉겅퀴 애기똥풀 개망초 쇠비름이
건강에 이롭다니 이름을 불러 주네
명줄 긴 천덕꾸러기
약초라는 유명세

석양 길에서

바위에 부서지는 저 푸른 파도 넉살
하얗게 피고 지는 회한의 물거품 꽃
한 시절
눈꽃이더라,
화려함도 잠시 잠깐

바람의 등을 타고 떠도는 저 구름 꽃
참회의 눈물 조각 뭉게뭉게 널어놓고
두둥실
흘러가더라,
머무름도 사치인 양

호수에 잠든 전설
-댐으로 수몰된 고향

산굽이 물굽이를 몇 번을 넘고 돌아
외길로 한나절 길, 하늘 한 뼘 열린 곳에
임의 정 오롯이 베인 초가삼간 어딜 갔나

산천은 뒤엉킨 채 원시로 버림받고
논밭은 주인 잃어 불치로 드러눕고
저 푸른 물결 속으로 숨어버린 전설이여

잔잔한 호수 위로 물새들 날아들고
적막한 옛 산야엔 예쁜 꽃도 피었건만
못 잊어 그리운 임들 보일 듯이 아니 뵈네

제4부 초록의 날

파도

초록빛
욕망 너울
잠시도 그침 없다

부딪혀 깨어지고
거품으로 사라지는

짓궂은
파랑波浪 춤사위
유랑 인생 넉살이다

눈먼 사랑

빗소리 가득 찬 방
촛불 하나 껌벅껌벅

어둠에 젖은 꽃 향
베갯잇에 살그머니

불현듯,
마음 창가에
불쑥 쏟는 여인아

백목련

새하얀
설렘 방울
수줍은 소녀 미소

그리워
울렁울렁
초록 도령 그리다가

철퍼덕
주저앉는다,
만남 없는 봄 자리에

초록의 날

저 푸른
꿈 나그네
봄빛 슬쩍 흘린 자리

실개천 버들가지
초록으로 울렁울렁

울 엄마
대바구니도
파릇파릇 물들겠네

설중매

설한에 피어나는 절조 높은 꽃이시어
동토를 아우르는 고아한 그 품격에

멀리서
기다리는 봄
서둘러서 오겠네
한풍의 치마폭에 맑은 향기 풀어놓고
만물이 소생하는 봄날 실어 오라시매

황량한
세상을 밟고
초록이 춤추리다

가을비

애잔히 들려오는
가을날의 저 멜로디

낙엽의 통곡인가,
서럽게도 부슬부슬

개구리
울음도 없이
가슴에 못을 박네

산촌의 봄

싸리꽃 향기 방울
봄바람에 터질세라
드렁칡 더듬더듬 산허리 엮어 가면

개울은
살얼음 벗고
알몸으로 촐랑이네

봄볕에 파닥이는
신록의 물결 속에
산딸기 머루 다래 넌지시 익고말고

낭랑한
산새 소리에
눈뜬 산골 말짱하다

눈사람

맹하니
앉아 있는
하얀 눈밭 터줏대감

웃으면 따라 웃고
화를 내면 찡그리며

내 기분
눈치를 챈 듯
찍어내는 사진사다

산수유

네게서 오는 봄은
오롯한 금빛이다

샛노란 별꽃 송이
봄볕 물고 몽실몽실

단박에
두 눈 흘리는
봄 사랑이 네로구나

장맛비

빈 하늘
저수지에
구멍이 난 모양일세

몇 날을
하릴없이
추적추적 왔다 갔다

괜스레
그리움의 싹
시퍼렇게 돋구네

자비의 도량

성불을 염원하는 낭랑한 염불 소리
연화등 불빛 아래 진언을 구하시매
청정 골
자비의 도량
지혜의 창 밝아오네

중생을 일깨우는 낭랑한 목탁 소리
망념을 버리나니 연꽃이 만발하매
법륜을
영겁으로 굴러
극락정토 밝히도다

신혼新婚

백만이랑 인생 들녘
사랑이면 끝이라지

행복을 찾아가는
신혼부부 기쁨의 길

새 출발
인생의 여로
사랑 전선 이상 무!

억새

갈바람
몸짓 따라
춤추는 백발 영혼

희멀건 몸부림이
어찌나 처량한지

푸른 임
불러야겠네,
시들해진 삶이여

미혼 未婚

내 사람
찾지 못해
홀로된 청춘이다

결혼은
하고픈데
참사랑이 없다니

큐피드
화살이라도
맞아보라, 아들아

소쩍새

희멀건
달빛 아래
홀로 우는 작은 새여

가슴에 쌓인 회포
어둠 속에 날리려나,

심산에
떠도는 울림
여름밤이 시리다

미루나무

이보다 더 큰 나무 세상에는 없을 거야
새들이 날아가다 부딪히면 어쩌지
천진한
산골 어린이
태산 같은 걱정이다

곁가지로 만들어 준 낚싯대 꼬나들고
물고기 낚으려다 물속으로 그만 풍덩
오늘도
집으로 가면
혼날 일만 생겼네

저 나무 꼭대기에 노니는 구름처럼
유유히 살라시던 아버지 소원 말씀
황혼이
깃들 때까지
풀지 못한 난제다

무인도

바다의 아픈 속을 아는지 모르는지
무작정 부서지는 파도에 몸 맡기고
제 살을
깎아내리며
주름 상처 헤적이네

고독에 찌든 얼굴 물보라로 씻어내고
뱃고동 소리만을 귀를 세워 기다리네
파도야
춤추지 마라,
임의 발길 끊어질라

바다에 뜬 네 모습은 '푸른 하늘 은하수'
점점이 아물아물 그리움 펼쳐놓고
외로움
벗으라 하네,
저 멀리 거기에서

임진강

끊어진 허리 통증 철책으로 임시 처방
적막이 무겁구나, 평화의 문을 열라
하나로 통일된 조국
임진강은 바란다

혈맥을 다시 이을 그 날은 언제 올까
고향에 가고 싶다, 자유의 문을 열라
실향민 백발 통곡에
임진강은 서럽다

한반도 중심 자리 철새들 낙원의 터
인정이 그립구나, 오가는 사람 없어
휘황한 불빛 세상을
임진강은 부른다

마스크 시대

봄 소풍, 가을 운동회 새싹들 웃음소리
언제쯤 들어보나, 청잣빛 하늘 아래
마스크
두 귀에 걸고
헐떡이는 동심이다

그이도 얼굴 반쪽 가리고 나오셨네
볼우물 보고픈데 아리송한 눈웃음만
무서운
먼지 열풍에
숨죽이는 사랑이다

날마다 찾아와서 눈코를 가리라네
난봉꾼 바람둥이 너도나도 수수방관
이제는
막아야 하네,
희뿌연 연막 놀음

민들레

암울한 세월 딛고 모질게도 살아나서
하양 노랑 분칠하고 방긋이 웃어주니
봄볕이
자지러진다,
곰살궂은 네 모습에

어딘들 가릴쏘냐 앉으면 내 땅이지
비비고 뿌리내려 꽃잎 먼저 피웠더니
화들짝,
바람난 홀씨
훨훨 날아 어딜 가나

떠도는 세상살이 너나없이 산전수전
아등바등 키웠더니 민들레 포자처럼
뿔뿔이
떠나가더라,
못난 자식 나처럼

제5부 바람의 향기

초승달

풀벌레
울부짖어
그리움 부르는 밤

동그란
눈썹 달님
어둠 속 하얀 침묵

곱다란
실눈의 미소
그 하나면 족하지

인동초

초록빛 사랑으로
엮어놓은 인연 덩굴

환희의 꽃망울을
조롱조롱 매달고서

엄동에
찌들은 향기
봄볕으로 말리네

봄 아가씨

남몰래 어딜 가나,
싱숭생숭 봄 아가씨

들꽃은 본체만체
사뿐사뿐 밀밭 길로

임 바람
불어올세라
울렁울렁 갈 테지

낙일落日

창공을 휘저으며
홀로 타던 젊은 태양
찬연한 노을빛이
어스름에 물들세라

불그레
취한 얼굴로
청산 마루 넘어가네

밤 버들

그 누가 두드리나, 어둠 물든 창문을
행여나 임이 왔나 빈 가슴 설레는데
달빛에
글린 밤 버들
사랑 구걸 행차로다

오늘 밤 이 외로움 내 것인 줄 알았는데
취한 듯 휘청휘청 휘감기는 버들가지
어스름
저 달빛 아래
사랑 춤을 춰볼거나

옹이

말 많고
탈도 많은
한세상 시름 곡예

가슴에 깊이 박힌
서슬 퍼런 청춘 옹이

빛바랜
세월 그늘에
그리움만 돋는다

진달래

연분홍
꽃잎 입술
바르르 헤벌리고

후끈한 바람결에
애교가 넘치구려

이 봄날
또, 뉘 마음을
촛불처럼 녹이려나

은행나무

암수가 유별해도
마주 보고 있어야지

바람결 중매쟁이
맺어준 사랑 인연

샛노란
이불 덮자마자
아니 벌써 황금알

새참

서방님 시장할까, 어린놈 등에 업고
시커먼 솥뚜껑에 부침개 몇 장 붙여
막걸리
된장 풋고추
챙겨 이고 잰걸음

농사꾼 땀방울이 저리도 푸르더냐
신록이 퍼덕이는 산비탈 신바람 길
우리 임
기다릴세라
웃음 한입 물고 간다

접시꽃

여보게,
옛사랑이
그리도 애틋한가

층층이
사모의 정
접시에 담아 걸고

불그레
바라다보는
그 눈빛이 뜨겁소

삶의 진실

사는 게 고생이다
말하는 이 있지마는

인생의 진실인 양
말을 해도 기쁨이다

풍진에
몸서리쳐도
고생 같은 낙樂이다

바람의 향기

솔밭을
스쳐 가면
솔 향기 바람 되고

꽃잎을
스쳐 가면
꽃향기 바람 되네

내 곁을
스쳐 간 바람
무엇으로 살아날꼬

탈놀이
-하회별신굿

일순간 번뇌 상념 안개처럼 걷히더라
더덩실 춤사위에 탈을 쓰고 희희낙락
얼씨구,
농익은 해학
웃음꽃이 푸르구나

익살꾼 허풍선이 인생사 쥐락펴락
걸걸한 목소리로 엮어내는 풍자 만담
지화자,
입심도 좋은
탈 쓴 자의 넉살이다

만추의 고향 집

토담 밑 누런 호박
찬 서리에 바들바들
떡잎 잃고 덩그러니 달빛 아래 일장춘몽
그 누가
호박죽 끓여
시린 배를 데우려나

검붉은 감나무잎
마당 가득 쌓였을 터
빨갛게 익은 홍시 주렁주렁 어쩌려나
올해도
너끈한 양식
산새 들새 포실하지

코스모스

말쑥한 가을 햇살 한 가슴 부둥키고
사랑아, 돌아오라 하늘하늘 손짓하네
누구를
그리워하나,
갈바람에 젖은 채

한적한 들길 가에 외로움 풀어놓고
여린 목 길게 빼고 하양 빨강 춤을 추네
누구를
기다리는가,
서릿발을 딛고서

묵죽화 墨竹畵

묵향을 내뿜으며 춤추는 붓끝이다
한 점 찍어 마디 짚고, 한 획 비쳐 죽엽 치니
환생한
초록빛 절개
날 선 듯이 번뜩이네

당당한 저 위풍이 필묵의 조화러니
바위에 앉았거나, 땅 위에 솟았거나
바람에
흔들거린다,
생물 같은 저 환상

추억의 간이역

갈바람 휘청이는 녹슨 철길 위로
낙엽은 이리저리, 잠자리 떼 빙글빙글
쓸쓸히 손을 흔드네,
코스모스 하늘하늘

적막을 끌어안고 깊이 잠든 옛 간이역
한때는 북적이던 만남과 이별 자리
아련히 들리는 음성
잘 있으오, 잘 가오

그날의 정감들이 까맣게 묻은 역사
거미줄에 걸린 추억 보고도 못 본 듯이
마음은 여기에 두고
빈 몸만을 보내오

둘만의 외식

입맛이 없다면서 찡긋하는 눈 맞춤에
시린 흔적 보았네, 머리에 핀 하얀 눈꽃
새색시
고운 순정이
노을빛에 물들었네

해물탕 한 접시에 행복이 치솟는 듯
맛있게 먹어주는 아량의 물결 너머
살며시
피는 웃음이
햇살인 양 따습다

서늘한 가슴골에 회한이 출렁출렁
내일도 오늘처럼 해맑은 얼굴 볼까
잔주름
모았다 폈다
기뻐하는 여인아

말하는 거울

내 마음 거울 속엔 어제의 사람 있다
그리운 그 얼굴들 한사코 건네는 말
아들아, 미안하구나
다 해주지 못해서

내 마음 거울 속엔 오늘의 사람 있다
꽃 같은 그 얼굴들 웃으며 건네는 말
부모님, 사랑합니다
오래오래 사세요

누구나 마음속엔 말하는 거울 있다
담담히 속삭이는 진솔한 사랑 고백
이담에 나의 거울은
무슨 말을 해주려나

새벽 산경山景

아득히 먼 세상이 부스스 깨어나듯
솜털 운무 자욱이 피어나는 꿈속이다
전설 속 실경산수화
실물 보니 절로 감탄

무엇을 품었을까 속내를 들춰보니
녹음의 계곡에다 고운 단풍 산허리다
오묘한 천연의 모습
화려 문신 절경이네

아늑한 어머니 산 슬며시 돌아앉아
이제는 떠나라네, 그대의 세상으로
하산길 나그네 외침
다시 오마, 쩌렁쩌렁

제6부 달빛 속에 피는 꽃

만족

험난한 가시밭길
맨발로 걸어가도

더 이상 뭘 바라나,
내 좋으면 그만이지

시궁에
몸을 두어도
맑게 피는 연꽃이래

정情

잊고는 못 살레라
애지중지 챙기다가

행여나 잃을세라
보석처럼 보듬다가

내 정성
소홀한 틈에
찬 돌멩이 돼 있더라

호미

초가집 마루 밑에 호미 한 쌍 덩그러니
투박한 나무 자루 반질반질 다 닳도록
고행길
함께 걸어 온
임들의 손 제초기

호미야, 너의 임은 어디로 갔다더냐
옛사랑 묻어 있는 너만 홀로 여기 두고
동구 밖
조가비 논밭
어룽어룽 젖어 든다

그림의 떡畵中之餠

발아래
무명초 꽃
못 본 척 등 돌리고

허공 속
무지개 꽃
우러러 찬사 연발

빛 좋은
청운의 그림
알고 보니 뜬구름

할미꽃

긴 세월 임 그리다
꽃이 되어 왔다네
가슴이 뜨거워서 고개를 숙인 채로

주르륵,
붉은 눈물로
꽃잎 얼굴 적시네

외로움에 녹이 슬어
핏빛으로 물든 거야
못 잊을 그리움에 심장이 터진 거야

봄볕에
글린 거라네,
붉은 사랑 감추며

회춘回春

기러기 날아가는
저 파란 하늘길로

세월의 바람 타고
흩날리는 청춘이여

그 봄날
다시 오려나,
동삼삭冬三朔 빗장 풀고

낙엽 연서

푸르던 나뭇가지
파랑새 사랑 둥지

낙엽의 이별 엽서
갈바람에 나붓나붓

떠나도
잊지 못하네,
풋풋하던 시절아

시선 교정

잡초도
곱게 보면
꽃이라 하였거늘

흉 하나 없는 존재
그 어디에 있다고

눈 밖의
아름다움을
흘겨보는 탓이지

달빛 속에 피는 꽃

한줄기 환희의 빛
또 한줄기 회한의 빛
하얀 밤 허공 뜰은 욕망의 바다인가
휘영청
달빛 자락에
피고 지는 환상의 꽃

달무리 속눈썹에
젖어 드는 모정의 빛
먹먹한 가슴골은 애수의 계곡인가
어스름
달빛 가지에
숨어 피는 물망초 꽃

물망초 사랑

이별도 사랑이다,
그리움 남았으니

한때는 목숨 걸고
좋아했던 그 사람

무시로
피고 또 지는
물망초 꽃이더라

그리움

보고픈
얼굴 하나
눈처럼 날리는 날

당신의 이름으로
사랑 불을 피웁니다

기다림
그 하나만으론
너무 가슴 시려서,

조급증

겨울 산 초라해도
산 아닌 적 있었더냐

강물이 말랐다고
강 아닌 적 있었더냐

뭘 그리
서두르는가,
때가 되면 푸를 것을

뜬소문

한풍의 시린 곡조
천지를 울리듯이

입방아 허세 놀음
언제쯤 멈추려나

아서라,
떠돌이 바람
헤매 도는 소리다

그루터기

허옇게 마른 뿌리 땅거죽 겨우 딛고
봄날이 찾아와도 외면하는 등걸 의자
도저히
앉을 수 없네,
등골 빠진 그 밑동에

하늘은 변함없이 저리도 청명하고
산새들 노랫소리 그날처럼 흥겨운데
창백한
그대 자리엔
산바람만 쉬어 가네

마당놀이

얼씨구, 좋을씨고 펄럭이는 옷소매다
꽹과리 장구 소리 허공을 달굴 때면
상모가
회오리친다,
아찔한 묘기백출

지화자, 좋을씨고 흥겨운 우리 가락
북치고 나발 불어 절로 어깨 들썩이니
핏줄이
뜨거워진다,
화려강산 덩더꿍!

한복의 멋

지난날 일상 한복 오늘날 귀태 예복
이리도 고울쏘냐, 형형색색 화려한 옷
누구라, 고아한 품격
나 몰라라 하였던고

지금껏 보던 사람 한순간에 선남선녀
환상의 조화런가, 그대 맵시 눈부시오
우리 임, 날개옷 입고
두둥실 날아가네

배달족 전통 한복 아름다운 멋의 극치
미소 띤 얼굴마다 행복의 빛 가득하니
화사한 그대의 모습
얼씨구나! 꽃 한 송이

이끼

어디에 발붙이고 목숨을 부지할꼬
바위 밑, 고목 껍질에 기생하는 운명이라
푸른 날 온다고 해도 면치 못할 가시방석

사나운 이 몰골로 양지를 탐하리까
꿈엔들 언감생심, 과분한 사치라서
음지에 몸을 눕히니 푸른 날이 웃는다

덩굴손 길게 뻗어 성한 나무 숨통 죄며
무작정 설쳐대는 철면피는 아니라오
심마니 유혹의 손길 귀한 산삼 금침이다

아버지와 막걸리

땀으로 젖은 육신 보듬고 달래주던
이름도 정겹구나, 막걸리 농주 탁주
한 사발
너의 약발에
마른 시름 녹이시네

고달픈 농사일이 오늘내일 끝나더냐
뼈 빠지게 일해도 겨우겨우 입에 풀칠
채워도
빈 가슴이니
너를 품고 달래시다

낫자루 호밋자루 허리춤에 찔러 넣고
지게 목발 두드리며 한평생 논밭 유랑
희뿌연
막걸리 인생
대못으로 박혀 있다

헛바람

저 바람, 허풍쟁이 쉴 곳도 없으면서
청운을 맨손으로 휘몰아 잡으려다
괜스레 허공을 찔러 옛 둥지만 잃었다네

갈 길도 모르면서 예까지 왔다더냐
새파란 세월 길로 돌아가면 될 것을
초원을 앞에다 두고 낙엽처럼 뒹구네

초록을 휘두르며 뛰놀던 옛 산마루
추억이 묻어 있는 미련의 창가에는
옛사랑 보이지 않고 그리움만 날뛰네

가로수 아래

초록이 넘실대는 가로수 터널 아래
다정히 걸어가는 신록에 젖은 연인
뜨거운
눈빛 하나로
사랑 망울 터트리네

꽃 양산 받쳐 들고 파란 밀어 속삭이는
벤치 위 원앙 한 쌍 태양처럼 이글이글
하얀 날
빨간 사랑이
불꽃처럼 타오르네

불현듯 날아드는 지나간 사랑 추억
푸른 잎 가로수에 줄줄이 널어놔도
봄바람
비켜서 가네,
황혼 가지 사이로

제7부 유랑자

피에로

웃음이 벗이로다,
홀로든 함께이든

아무리 힘들어도
네게만은 웃음 선물

헤프다,
말하지 마라
내 삶의 기쁨이다

수양修養의 빛

물결이
석수인 양
모난 돌 갈고 닦네

다듬어
빛 고우면
보석 되는 잡석인데

옥석은
가려서 뭣 해,
제 눈에 안경인걸

유랑자

나그네 머나먼 길
환상의 꿈 나들이

세월 바람 등에 지고
떠도는 빈 돛단배

오늘도
가고 또 가네,
파도 타는 검불처럼

낙화

봄바람
한 줄기에
꽃비가 내리네요
눈처럼
나풀나풀
사랑이 날리네요

내 마음
꽃 바람결에
알록달록 물들어요

팽이

언제나 뱅글뱅글 돌아야 살 수 있다
온몸이 헤지도록 맞아야 설 수 있다
채찍아, 멈추지 말고 모질게 때려다오

돌아야 웃음 주는 야릇한 운명이다
땅이든 빙판이든 나 홀로 서고 싶다
돌려라, 어처구니없는 맷돌 신세 면하련다

멈춰 선 내 모습은 사랑이 아니란다
세상이 멈추어도 도는 게 인생이라
그대가 행복하다면 울어 줄게, 윙윙 윙

밤비

적막이 푸르른 밤
어둠의 등을 타고

숨죽여 살금살금
남몰래 다가와서

무작정
사랑문 열라
집적대는 불청객

오월의 여인

긴 머리 양 갈래로
곱게 닿은 선머슴애
책상에 선을 긋고 넘지 말라 쫑알대던

장미야,
오월이 되면
붉게 피는 너를 본다

어릴 적 소꿉동무
풋사랑 짝꿍 소녀
장미꽃 필 때마다 떠오르는 네 이름

노을 길
걷고 있겠지,
추억 묻은 여인아

갇힌 꽃

화려한 도자기에
호사스레 앉았구려

두 눈이 시리도록
그 모습 요염한데

고독한
꽃인가 보오,
창밖을 동경하는

눈도장

속이 빈
고목 위에
탈 쓴 봉황 둥지 텄다

잡새들 문전성시
눈먼 출세 쑥덕공론

거북이
기어서 간들
아첨 물결 헤리까

물길

이슬로 목축이며
밤낮없이 왔는데

아무도 모른다네,
머물러 쉬어 갈 곳

어쩌랴,
풍월을 따라
출렁출렁 가야지

물결벽화

단애에 그려놓은 물결의 회색 벽화
한동안 머문 세월 주름으로 남기었네
그 흔적
무언의 암시
알 수 없는 수수께끼

올올이 정성으로 빚어놓은 물결 조각
은혜의 빛이 되신 어느 임의 손등이다
한참을
어루만졌네,
보슬비에 젖은 채로

가랑잎 소리

얇은 귀
가벼운 입
나풀나풀 앞세우고

입방아
수십 부대
만방에 흩뿌리네

무거운
바위의 소리
못 들은 척 떠버리

부엉이

구슬픈 목소리로
까만 밤을 달래는 새

하얀 날 재워두고
어둠을 깔고 앉아

만복을
누리옵소서,
부엉부엉 밤새껏

오솔길

꽃길을 걸을 때면
사슴의 눈이 되고

숲길을 걸을 때면
구름의 맘이 되네

오솔길
아늑한 품은
갈대들의 꿈 밭인가,

이별 애상

생각을 말라더니 그리움 두고 갔네
잊으라 말하더니 떠나도 곁에 있네
오뉴월
덩굴손처럼
성가시게 엉기네

말간 정 남겨두고 어이 홀로 떠났을꼬
비가 되어 오더라, 눈이 되어 오더라
내려라,
성긴 백발에
너 앉을 곳 없으랴

김치

밥상 위 단골손님
적어도 하루 세 번
빨갛게 익은 웃음 새콤달콤 날리면서
살갑게
아삭거린다,
입속 동굴 울리며

조상님 물려주신
신토불이 건강식품
세계인 입맛 강타 음식문화 선두주자
위대한
한국인 손맛
세계 입맛 달구네

까만 봄날
-2025.3 영남지방 산불

선산은 초라하게 그을린 채 앉아 있고
집 잃은 이웃들은 혼비백산 피난 신세
어쩔꼬,
처참한 현실
절로 새는 한숨이다

화마에 삶의 터전 한순간에 빼앗기고
까맣게 멍든 산천 봄이 오면 치유될까
이 무슨
날벼락인가
하늘이여 말 좀 하소

하루가 힘겨운데 복구는 차일피일
그 아픈 마음들을 무엇으로 보듬을까
푸르러,
날뛰던 봄날
언제 다시 오려나

마음

천년을 산다 해도 무색무취 허공일 터
비운들 비워질까, 채운들 채워질까,

인생사
희로애락이
제 손인 양 쥐락펴락

육신을 다스리는 끝없는 무형재산
쓸 수는 있다지만 지키기는 어려운 것

수시로
변하는 심상
주인이라 믿고 사네

늙은 의자

고독이 하도 슬퍼 기다리고 있는 거야
만남은 기쁘지만 오래가지 않더라니
그럴 땐
바람 소리로
외로움을 달래지

누군가 올 것 같아 비워 두고 있는 거야
잠깐의 만남으로 그리움만 놓고 가니
모처럼
찾아온 자식
생색내는 꼴이다

허수아비

시커먼 눈썹 칠에
넝마 옷 걸쳐 입고
새 소리 장단에다 들꽃 향에 흠뻑 취해
당신께
웃음을 파는
나는요, 어릿광대

풍요의 들판인들
빈곤의 들녘인들
삶의 멍에 내려놓고 풍진 세상 돌아앉아
춤추는
허수아비다,
세월 바람 등지고

■ 해설

말 없는 실존의 풍경
-감각적 정서와 존재론적 언어가 교차하는
박무성의 시조 세계

1. 들어가며

 "인생의 절반은 기억이고, 나머지 절반은 그 기억을 가꾸어가는 일이다." 누군가의 이 말처럼, 박무성 시인의 시조집 『저 푸른 바람 소리』는 기억과 현재, 감정과 사유, 일상과 초월 사이의 내밀한 경계 위에서 피어난 한 권의 시학적 일기다. 시조라는 정형의 틀을 빌리되, 그 안에 담긴 세계는 끊임없이 넓게 펼쳐지고 깊게 침잠한다. 박무성은 시편마다 되묻는다. 사랑이란 무엇인가. 존재는 어디에 남는가. 시간은 무엇을 데려가고, 무엇을 남기는가. 이러한 질문은 단지 물음으로 머물지 않고, 꽃피는 계절과 스치는 바람, 적요한 새벽과 어두운 골목길을 통과하며 삶의 구체적 결로 번역된다.
 『저 푸른 바람 소리』는 단순히 개인적 회상의 언어를 엮은 것이 아니다. 그것은 시인이 걸어온 시간의 깊이와 감정의 결을 응축한, 존재의 '증류된 풍경'에 가깝다. 특히 이 시조집의 제목을 구성하는 '푸르다'라는 형용사는 시조집을 관통하는 정서적 온도를 섬세히 드러낸다. 그 푸름은 단지 젊음이나 생동감의 표상에 그치지 않는다. 오히려 오래 묵은 사유와 내면의 침잠이 언어로 증류되었을 때 드러나는 깊고도 밝은 정감의 빛깔이다. 시인의 말처럼 "세상은 변하여도 사랑은 늘 푸르게 존재하는 것"이며, "내가 보내지 않는 한, 떠나도 가슴에 남는 것"이라는 문장은 시조집 전체를 아우르는 고백이자 선언처럼 다가온다. 시조가 단순한 정념의 표출이 아닌, 감각의 기억을 정직하게 붙잡는 행위라는 그의 태도가 이 문장 속에 오롯이 담겨 있다.

박무성 시인의 시조는 격렬하지 않다. 그는 장대한 상징이나 수사적 과시보다는, 오히려 말의 최소 단위 속에 감정을 응축시키고, 그 안에서 조용한 울림을 만들어낸다. 그의 언어는 마치 오래된 우물에서 퍼 올린 물처럼 맑고 깊다. 독자는 그의 시조를 읽으며 그 감정의 물길을 따라 자연스럽게 걸음을 옮긴다. 어떤 시조는 자전적 시편처럼 느껴지고, 또 다른 시조는 당신과 나의 감정의 조각을 담은 이야기처럼 다가온다. 그렇게 이 시조집은 '감정의 지도'가 된다. 하나의 정서에서 다른 정서로 조심스럽게 건너가는 통로이자, 내면의 파장을 외부 세계에 번역하는 사유의 매개체다.

흥미로운 것은, 이 시조집을 이루는 언어들의 빈도 분석에서도 박무성 시조의 주제와 정서가 분명하게 드러난다는 점이다. 가장 빈번하게 등장하는 단어는 '바람'(31회)이다.

바람은 이 시조집의 상징이자 분위기를 형성하는 핵심 어휘로, 무형이지만 감각 가능한 존재로서의 감정을 대표한다. 이어서 '길'(30회), '시간'(25회), '기억'(22회), '하늘'(21회), '꽃'(19회), '사랑'(18회), '달'(17회), '파도'(15회), '별'(14회) 등이 자주 나타난다. 이러한 시어들은 시인의 내면적 사유가 어떤 자연적 기호를 통해 외화되는지를 보여준다. '길'과 '시간'은 삶의 여정과 기억의 층위를, '하늘'과 '별'은 사유의 고양과 고독을, '파도'와 '바람'은 감정의 흐름과 반복을 은유한다.

단어 하나, 이미지 하나가 시인의 사유 구조를 구성하는 요소로 작동하며, 그러한 언어의 배열은 단순한 장식이 아니라 감정의 구조화 방식임을 시인은 반복적으로 증명한다. 자연과 존재, 감정과 시간의 요소가 하나의 시에서 교차하는 순간들, 그때 비로소 독자는 이 시조집이 그저 예쁜 언어의 나열이 아니라, 감정의 내밀한 형상화라는 사실을 자각하게 된다.

형식적으로 박무성은 시조의 3장 6구라는 정형을 견지하면서도, 각 시조의 종장에서 감정의 종결이 아닌, 또 다른 질문과 울림을 던진다. 그 울림은 밤바다의 적막처럼 낮게 깔려오기도 하고, 봄날의 바람처럼 부드럽게 스쳐 가기도 한다. 삶의 균열과 흔들림 속에서도 사라지지 않는 정수, 그것이 바로 박무성 시조의 미덕이다.

나는 이 시조집의 발문을 대신하여 박무성 시조의 태도에 대해 한 가지 정의를 덧붙이고 싶다. 그는 자연의 찰나를 감정의 필터에 투과시키되 결코 감상에 빠지지 않는다. 그는 그 감정을 정직한 언어로 정련하며, 삶이라는 결의 껍질을 하나하나 벗겨내 보인다. 『저 푸른 바람 소리』는 존재의 윤곽을 더듬어가는 한 인간의 내밀한 언어적 여정이다. 그리고 그 여정은 독자의 마음에도, 어느 날 푸른 바람처럼 가만히 스며든다.

2. 서정적 진실성과 감정의 층위

시는 감정의 파편이 아니다. 감정은 흘러야 시가 되고, 그 흐름이 언어로 구조화될 때 비로소 우리는 그것을 '서정'이라 부를 수 있다. 박무성의 시조는 바로 그런 감정의 흐름을 천천히, 그러나 치밀하게 따라가는 시적 기록이다. 그는 감정을 먼저 말하지 않는다. 대신 자연과 기억, 관계와 상실의 구도를 세워 그 안에 감정을 천천히 녹여낸다. 감정의 정직한 구조화를 통해 삶의 깊은 층위까지 더듬게 하는 시, 그것이 박무성 시조의 내면적 힘이다.

「빈손」이라는 시조는 그러한 정서적 층위의 전형이다.

그 사람
손을 잡고
걸어가면 좋으련만,

봄꽃이 흐드러진
　　들길을 홀로 걷다

　　서먹한
　　아름다움을
　　뿌리치고 갑니다
　　　　　　　　　　　　—박무성 「빈손」 전문

　이 작품은 감정이 단순히 '있다'라고 말하지 않고, 감정이 '어떻게 움직이는가'를 보여주는 방식으로 서사를 구축한다. 초장에서는 실현되지 못한 관계에 대한 바람이 '그 사람'과 '손을 잡고'라는 시어로 은근하게 드러나고, 이어지는 행에서 '봄꽃이 흐드러진 들길'을 홀로 걷는 장면은 아름다움 속에서 더욱 선명해지는 외로움을 감각적으로 형상화한다. 종장의 '서먹한 아름다움'은 과거의 관계가 여전히 아름다우면서도, 동시에 돌이킬 수 없음을 직설적 언어 없이 함축적으로 말한다. 감정은 여기서 명시되지 않고, 풍경과 행동 속에 배어 흐른다. 이 감정의 '흐름'을 따라가는 것이 바로 이 시조의 진정한 독법이다.

　또 하나의 예인 「모정의 그림자」는 그 감정이 어떻게 기억과 맞물려 더 복합적인 층위를 형성하는지를 보여준다.

　　낳은 정 기른 정은 활화산 불꽃인데
　　보은은 무슨 보은, 번갯불 세월인데
　　웃음을 베고 누워도
　　베갯잇이 젖는다

> 달빛에 어룽대는 모정의 옛 그림자
> 말없이 젖어 드는 회한의 계곡에는
> 풀벌레 울음소리만
> 까만 밤을 달래네
>
> ─ 박무성 「모정의 그림자」 전문

이 시조는 모성에 대한 회상의 감정이 어떤 방식으로 시적 형상화되는지를 섬세하게 보여준다. 초장의 '활화산 불꽃'이라는 비유는 사랑의 격렬함을 넘어서, 그것이 억제되지 못할 정도로 생생했음을 보여주는 강렬한 시적 장치다. 중장에서 '웃음을 베고 누워도 / 베갯잇이 젖는다'라는 구절은 감정의 겹침, 즉 겉으로는 평온해 보여도 내면에서는 끝없이 솟구치는 슬픔과 회한의 감정이 얼마나 깊은지를 극적으로 드러낸다. 이 시조는 모정에 대한 미화도, 단순한 그리움도 아니다. 그것은 기억이라는 '시간의 층' 위에 덧입혀진 감정의 구조이며, 그 구조는 독자에게 감정의 무게를 함께 느끼도록 한다.

이처럼 박무성의 시조는 감정을 일차적으로 제시하지 않는다. 그는 감정을 이야기의 배경이 아니라, 이야기의 구조로 설정한다. 감정은 특정한 상황에서 특정한 이미지와 함께 흐르고, 그 흐름이 언어로 형상화되면서 감정은 단순한 느낌이 아니라 하나의 '정서적 구조물'로 완성된다.

이러한 시도는 시조라는 정형시의 형식과 절묘하게 맞물린다. 시조는 긴 호흡을 허용하지 않는다. 그러나 바로 그 제한이 감정을 농축하게 만들며, 그 농축된 감정이 독자에게 더욱 강한 정서적 파동으로 다가온다. 박무성은 그 정형 속에서 감정을 절제하고, 그 절제 속에서 더욱 강한 진실을 끌어낸다. 이것이 바로 '서정의 진실성'이다.

결국 박무성의 시조는 감정이 억눌리거나 과장되지 않는 지점에서 피어난다. 감정은 언제나 자연 속에서, 관계 속에서 조심스럽게 그 존재를 드러낸다. 그래서 그의 시조는 감정을 직접적으로 '설명'하기보다, 감정이 지나간 자리를 조용히 보여준다. 독자는 그 자리에 머물며, 자신의 감정을 조심스레 꺼내 보게 된다. 이것이 박무성 시조의 진짜 서정이다. 감정을 말하지 않으면서도, 감정을 가장 정확히 전하는 언어. 바로 그 언어가 박무성의 시조에서 조용히, 그러나 깊게 울린다.

3. 자연 이미지와 상징 구조 분석

자연은 시인의 마음을 투영하는 가장 정직한 거울이다. 박무성의 시조에서 자연은 단순한 배경이 아니다. 그것은 존재의 본질을 탐문하는 도구이자, 감정을 투사하고 정서를 응축하는 심상의 거처다. 그의 시어 속 자연은 늘 움직인다. 그것은 머물지 않고 흐르며, 때로는 불현듯 흔들리고, 어떤 때는 잔잔히 고요하다. 그러나 그 변화 속에서 우리가 발견하게 되는 것은 생의 본질과 정서의 중층적 흐름이다.

대표적인 작품 중 하나인 「산중일락(山中逸樂)」은 시인의 자연관과 존재론이 집약된 시편이다.

> 한적한 산골짝에 삶의 종이 울린다
> 빛 고인 양지녘에 초가삼간 틀고 앉아
> 문풍지/ 바람에 우니/ 시름 곡조 절창이다
> -「산중일락(山中逸樂)」 2수 중 첫째 수

이 시조의 초장은 단순한 산골 묘사로 시작하지만, '삶의 종'이라는 시구를 통해 자연을 초월적 시간성과 존재의 지표로 변환시킨다. '양지녘에 고인 빛', '문풍지 바람', '시름 곡조 절창'이라는 표현들은 감각적 이미지를 통해 독자의 감정을 천천히 동요시키며, 자연과 인간 감정의 일체화를 실현하고 있다. 자연은 단순히 평화로운 공간이 아닌, 존재의 절정을 노래하는 '무대'이자 '청자'가 된다.

이러한 자연의 상징 구조는 「밤바다」에서도 강하게 드러난다.

> 석양이 뉘엿뉘엿 밤바다에 눕는다
> 어제를 지키려다 오늘을 잃는대도
> 사랑아,/ 아프지 마라/ 출렁이는 삶이다
>
> 절정이 하도 높아 맴돌던 파도였다
> 이제야 돌아앉아 욕망을 삭히려니
> 오동통/ 배부른 달님/ 넉살스레 웃는다
> -「밤바다」 3수 중 첫째 수와 둘째 수

이 시조에서 '밤바다'는 고통과 치유, 기억과 회한이 교차하는 상징의 공간이다. '석양', '밤바다', '파도', '절정' 등은 각각 시간의 흐름, 감정의 깊이, 인생의 무상함을 대변하는 기호로 기능한다. 특히 '파도'는 반복과 전환의 이미지로, 인생의 기복과 감정의 요동을 극명하게 상징한다. 바다라는 광대한 자연물은 박무성에게 있어 '사랑'과 '욕망', '삶의 무게'까지도 수용하는 모성적 공간으로 확장된다.

이처럼 그의 시조는 자연물의 감각적 형상을 빌려 추상적 정서를 시각화하고, 그로써 정형시의 제약 안에서도 깊은 상징성을 확보하고 있다. 그것은 '물아일체'라는 고전적 개념과도 맞닿아 있다. 자연을 통해 자아를 돌아보고, 세계를 읽으며, 존재의 윤회를 성찰하는 방식이다.

특히 박무성의 시조는 상징을 단지 꾸미는 장치로 사용하지 않는다. 그는 상징을 감정의 논리로 삼는다. 상징은 감정의 외피가 아니라, 감정의 구조 자체다. 바람은 늘 희망을 실어 나르며, 노을은 사랑의 퇴장을, 산은 존재의 묵직한 뿌리를 암시한다. 이러한 상징체계는 시인의 미적 언어가 얼마나 정교하게 구축되어 있는지를 보여주는 지표이다.

그의 시조에 등장하는 자연물은 대개 익숙한 것들이다. 바람, 별, 바다, 산, 달, 꽃, 풀잎, 노을 같은 자연의 이미지들은 누구에게나 친근한 상징체다. 그러나 박무성은 이 익숙함을 통해 새로운 통찰을 끌어낸다. 감정의 깊이와 시적 긴장이 익숙한 상징 속에서 빛을 발하도록 하는 것이다. 바로

이 점이 그의 시조가 단순한 자연 찬미에서 벗어나, 삶의 본질을 투시하는 미학으로 승화되는 이유이다.

　요컨대, 박무성의 시조에서 자연은 사색의 매개이자, 정서의 감별기이다. 자연이 주는 평온 속에 인간의 갈등이 스며들고, 그 속에서 감정은 사유로 변환된다. 그리고 그 사유는 상징이라는 언어의 옷을 입고, 독자에게 천천히 침윤해 들어간다. 그리하여 우리는 그의 시조를 읽는 동안, 자연과 감정, 존재와 언어가 하나의 회화처럼 펼쳐지는 '상징의 경전'을 마주하게 된다. 이 점에서 박무성의 자연시는 동시대 시조 미학의 또 하나의 정점으로서, 자연과 인간의 새로운 관계를 탐색하게 하는 귀한 문학적 성취로 평가될 수 있다.

4. 형식과 리듬의 조화

　시조는 말의 형식이 아니라 말의 질서를 가늠하는 구조다. 박무성의 시조는 이 정형의 구조 속에서 리듬과 정서를 한껏 긴장시키며, 언어의 축적과 생략이 동시에 작용하는 예술의 질서를 구현한다. 그의 시조에서 형식은 감정을 정리하는 구조가 되고, 리듬은 감정을 전달하는 채널이 된다. 시인의 내면이 리듬으로 번역되고, 정형이라는 미학 속에서 응결되는 방식. 그 긴장의 미학이 박무성 시조의 내면을 이룬다.

「단풍 교향곡」은 제목에서부터 계절과 음악이 교차하는 정서를 예고한다.

오색 빛
여린 선율
가을 악장 피날레

온 가슴 울긋불긋
환희로 적시다가

산바람
시린 변주에
출렁이는 황홀경

-「단풍 교향곡」 전문

초장의 '오색 빛 / 여린 선율 / 가을 악장 피날레'는 감각적 이미지와 음악적 은유가 어우러져 하나의 계절 정서를 조성한다. 이 음보 배열은 시조의 기본 리듬을 따르면서도 마디마디 호흡을 조절하게 한다. 중장의 '온 가슴 울긋불긋 / 환희로 적시다가'는 감정의 고조를, 종장의 '시린 변주'와 '황홀경'은 감정의 해소를 음악적 흐름처럼 배치한다. 박무성은 이처럼 시조의 3장 6구 구조를 활용하여 리듬을 서정의 파동으로 전환시키며, 감정의 상승과 침잠을 고르게 안배한다.

반면 「대나무」는 상징적 절제와 구조적 단단함으로 시조 형식의 전통미를 극대화한 작품이다.

풍진에 물들세라
댓바람에 솟구치네

비운 속 마디 맺어
올곧게 서 있음에

사시절
절조의 빛이
초록으로 번뜩이지

-「대나무」전문

  초장의 '풍진'과 '솟구치네'는 외부 세계의 혼탁과 그것을 넘어서려는 의지를 상징화하며, 음절 간의 간결한 절제는 시적 긴장을 고조시킨다. 중장의 '비운 속 마디 맺어'는 시조의 형식을 스스로 환유하면서 시인의 자의식을 대나무의 절조에 투영한다. 종장의 '절조의 빛이 / 초록으로 번뜩이지'라는 윤리적 상징성과 자연의 지속성이 어우러지는 시적 종결로서, 전통 시조의 정형미와 현대적 감각이 겹치는 지점이다.
  이 두 작품은 박무성이 시조라는 형식 안에서 얼마나 유연하게 감정을 조직하고, 리듬을 정서로 전환하는지를 잘 보여준다. 시조의 음보율은 그의 시조에서 단지 형식이 아니라, 감정의 길이를 결정짓는 리듬의 단위가 된다. 그는 정형에 갇히지 않으면서도 정형을 버리지 않고, 그 안에서 새로운 감정의 파형을 구성해낸다. 그것이 박무성 시조의 리듬이자, 형식의 내면이다.

이처럼 박무성의 시조는 시조의 형식성과 감정의 진실성을 함께 껴안으며, 고전 형식의 생명력을 현대 감각으로 되살려낸다. 이 점에서 그의 시조는 '형식의 절제'를 통한 '감정의 울림'이라는 현대 시조의 모범적 모델을 제시하고 있다. 그리고 바로 그 지점에서, 그의 시조는 형식미와 감정미가 조화롭게 공존하는 하나의 문학적 형상으로 우뚝 선다.

5. 기억과 회상의 서정적 재구성

기억은 흘러간 시간의 편린이 아니라, 현재를 구성하는 감정의 뿌리이다. 박무성의 시조는 이 기억의 조각들을 불러내어 감정의 온도로 다시 짜 맞춘다. 그 온도는 서늘하기보다 따뜻하고, 단절보다는 연속을 지향한다. 회상의 시학이란 결국 사라진 것을 다시 호명하는 일이며, 박무성의 시조는 그 호명의 순간들을 언어로 절묘하게 포착해낸다. 이때 시조의 형식은 기억의 시간적 질서를 구성하고, 감정의 잔향을 형상화하는 틀로 작동한다.

가장 먼저 주목할 작품은 「추억의 간이역」이다. 이 시조는 과거의 공간을 통해 기억과 감정의 흐름을 복원한다.

갈바람 휘청이는 녹슨 철길 위로
낙엽은 이리저리, 잠자리 떼 빙글빙글
쓸쓸히 손을 흔드네,
코스모스 하늘하늘

적막을 끌어안고 깊이 잠든 옛 간이역
한때는 북적이던 만남과 이별 자리
아련히 들리는 음성
잘 있으오, 잘 가오

그날의 정감들이 까맣게 묻은 역사
거미줄에 걸린 추억 보고도 못 본 듯이
마음은 여기에 두고
빈 몸만을 보내오

-「추억의 간이역」 전문

 이 시조는 시간의 두께와 감정의 흔적을 '간이역'이라는 공간적 상징으로 압축해낸다. 초반부의 '녹슨 철길', '코스모스', '잠자리 떼' 등은 구체적인 이미지로 기억의 현실감을 강화하면서도, 그 감정은 절대 드러내지 않고 '쓸쓸히 손을 흔드는' 묘사로 암묵화된다. 후반부로 갈수록 기억은 서정의 영역으로 변환되며, '잘 있으오, 잘 가오'라는 대사는 회상의 감정이 단순한 아련함이 아니라, 명백한 이별과 그리움의 언어로 정립됨을 보여준다. 마지막 수의 '마음은 여기에 두고 / 빈 몸만을 보내오'라는 떠남의 육체성과 남음의 정서가 분리되는 순간으로, 회상의 정수가 가장 뚜렷하게 드러나는 대목이다.
 또 다른 작품인 「말하는 거울」은 시간과 존재를 응시하는 도구로서 거울을 제시하며, 기억의 층위가 어떻게 정체성 일부로 작동하는지를 보여준다.

내 마음 거울 속엔 어제의 사람 있다
　　그리운 그 얼굴들 한사코 건네는 말
　　아들아, 미안하구나
　　다 해주지 못해서

　　내 마음 거울 속엔 오늘의 사람 있다
　　꽃 같은 그 얼굴들 웃으며 건네는 말
　　부모님, 사랑합니다
　　오래오래 사세요

　　누구나 마음속엔 말하는 거울 있다
　　담담히 속삭이는 진솔한 사랑 고백
　　이담에 나의 거울은
　　무슨 말을 해주려나

　　　　　　　　　　　　　　-「말하는 거울」 전문

　이 작품은 과거(아버지), 현재(부모), 미래(자신)로 이어지는 기억의 연속성을 '거울'이라는 심상을 통해 감각화한다. 첫째 수에서는 부모에게 미처 다 표현하지 못한 후회와 죄의식이 스며 있고, 두 번째 수에서는 지금 살아 있는 부모를 향한 사랑과 존경이 담겨 있다. 마지막 수에서는 미래의 자기 자신이 지금의 자신을 어떻게 바라볼지에 대한 성찰이 이어진다. 이는 회상의 감정이 단지 감상에 머물지 않고, 자기 응시와 존재 사유로 확장됨을 보여주는 사례다.

　박무성의 시조는 회상이라는 감정이 지닌 구조적 복합성을 정형시의 틀 안에서 섬세하게 구현해낸다. 회상은 단선적이지 않다. 그것은 감정의 겹, 시간의 틈, 존재의 골짜기를 건너는 서정의 여행이다. 시조의 리듬은 그 여행의 발걸음을 조율하고, 형식은 감정을 가둬두기보다 천천히 퍼뜨리는 구조로 기능한다.

그래서 그의 회상은 언제나 현재형이다. 그리움은 지금 여기에 있으며, 기억은 단지 지난 일이 아니라 오늘을 움직이는 감정의 근거다. 박무성은 시조라는 형식을 빌려 그 근거들을 하나하나 짚어나간다. 그리고 그 언어는 조용하지만 단단하게, 우리 모두의 기억 저편을 두드린다. 이 점에서 그의 시조는 회상의 감정을 정형시의 미학으로 전환해낸 귀중한 성과로 남을 것이다.

6. 삶과 죽음, 존재에 대한 물음

시란 삶의 지층을 따라 내려가는 언어의 채굴이다. 박무성의 시조는 그 지층의 가장 어두운 심연까지 천천히, 그러나 단단하게 내려가며 존재의 실존을 더듬는다. 그는 시조라는 정형의 그릇에 삶과 죽음, 시간과 초월의 문제를 담되, 감정에 함몰되지 않고 시선은 끝내 침묵의 무게를 향해 나아간다. 그리고 그 침묵은 언어가 도달하는 마지막 형식이 된다.

그 대표적 예가 「푸른 천년」의 첫째 수이다.

천년은 푸르리라, 벼랑 위 작은 노송

선학이 날아들어 새하얀 꽃이 되니
저 세월
한눈팔다가
가는 길을 잃었다네

-「푸른 천년」 3수 중 첫째 수

  이 시조는 시작부터 '천년'과 '푸르다'라는 역설적 이미지로 시간과 생명에 대한 사유를 열어젖힌다. 벼랑이라는 한계의 공간 위에 선 '작은 노송'은 생의 고독한 자립성을 상징하고, 그 위에 날아든 '선학'은 인간 존재를 넘는 초월적 기운을 암시한다. 그러나 종장에서 그 시선은 다시 현실로, '한눈팔다가 / 가는 길을 잃었다'라는 고백으로 회귀한다. 이는 시간과 존재 사이의 간극, 생의 찬란함과 그 소멸 사이의 회한을 절제된 언어로 압축한 구절이다.

  또 다른 시조 「소쩍새」는 죽음과 부재, 그리고 존재의 감각을 훨씬 더 직접적으로 응시한다.

소쩍새
소리 높여
울어대는 구슬픈 밤

산 그림자 길어지고
저 하늘 무심하네

마음도
찬 기운에
조용히 젖어드네

-「소쩍새」 전문

    이 시조는 고전 시가에서 죽음을 상징하는 '소쩍새'를 전면에 내세우며, 밤이라는 정서적 시간대 안에서 고독과 상실의 정념을 자연의 형상으로 형상화한다. 초장의 반복과 고저장단은 리듬의 긴장을 만들고, 중장의 '산 그림자'와 '무심한 하늘'은 인간 감정과 자연의 간극을 은근히 암시한다. 종장의 '조용히 젖어드네'라는 절제의 미학 속에서 감정이 천천히 사위어감을 보여준다. 박무성은 이처럼 죽음을 노래하지 않고, 죽음의 기척을 조용히 감지하는 시적 태도를 유지한다.

    두 작품은 모두 존재의 시간성과 그 끝에 대한 자각을 중심에 둔다. 그러나 박무성은 결코 비탄의 언어로 말하지 않는다. 그는 생과 사의 경계에서 조용히 묻고, 사유하며, 결국 그것을 수용하는 방식으로 시를 정리한다. 이 절제는 시조라는 형식과 절묘하게 조응한다. 3장 6구의 구조는 감정의 정점을 지양하고, 감정의 구조를 정돈하게 하며, 그 속에서 삶의 진실이 드러난다.

    그의 시조는 결국 '말의 미학'을 넘어선 '침묵의 미학'이다. 죽음을 직면한 시인은 침묵으로 말하고, 그 침묵은 독자의 내면에서 울림이 된다. 이것이 박무성 시조의 존재론적 깊이이며, 우리가 그의 시조를 읽으며 비로소 삶을 되돌아보게 되는 이유다. 박무성의 시조는 죽음을 노래하지 않음으로써, 오히려 더 생생하게 생을 묻는다. 그리고 그 물음은 오늘도 우리 마음 한 켠을 조용히 두드린다.

7. 맺으며

　시인은 말보다 침묵을 더 오래 지니는 존재다. 그 침묵을 언어로, 그리도 정갈한 형식 안에 담아내려는 고투 속에서 시조는 생명력을 얻는다. 박무성의 『저 푸른 바람 소리』는 바로 그 침묵의 언어를 정직하게 품어낸 시조집이다. 그는 시조라는 정형의 언어를 빌려, 자신의 감정과 기억, 존재와 풍경을 묵묵히 쌓아 올렸다. 마치 오래된 나이테가 그 해의 날씨와 시간, 숨결을 그대로 새기듯이.

　이 시조집에서 우리는 유년의 향기와 자연의 빛깔, 인간적 고뇌와 정서의 떨림을 동시에 읽는다. 박무성은 감정의 깊이를 얕게 드러내지 않는다. 대신 자연 속에서, 사랑 속에서, 기억의 굴곡 속에서 천천히 감정을 증류해낸다. 그래서 그의 시조는 감정을 과장하지 않으면서도, 삶의 진실을 뚜렷하게 비춘다. 그리고 그 감정은 독자의 심연에 천천히 스며든다. 한 번의 낭독으로 남는 여운이 아니라, 며칠을 두고 다시 떠올릴 수밖에 없는 감정의 결이다.

　『저 푸른 바람 소리』는 전통과 현대 사이에서 길을 찾은 시조다. 박무성은 고전적 미의식에 충실하면서도, 그 안에 현대적 삶의 감수성과 주제를 유려하게 끌어들인다. 삶의 사소한 장면들, 즉 노을이 내리는 강, 눈이 덮인 지붕, 바람이 스치는 담벼락을 통해 그는 인간 존재의 심연을 사유한다. 이러한 시선은 단지 감상을 끌어내는 데 그치지 않고, 우리를 '성찰'의 자리로 이끈다.

박무성은 시조의 음률적 구조와 상징의 언어를 통해 깊은 내면 풍경을 보여준다. 그가 노래하는 '사랑', '기억', '그리움', '삶과 죽음'의 주제들은 전혀 무겁지 않으나, 오래도록 머문다. 그것은 형식의 힘이자, 언어의 절제에서 비롯된 감정의 정직함 때문이다. 그의 시조는 짧은 형식 안에서 말보다 많은 것을 건넨다. 이때 시조는 설명이 아니라 체험이 되고, 언어는 사유의 도구가 아니라 정서의 발화가 된다.

이러한 성취는 결코 우연한 것이 아니다. 박무성은 시조의 고유한 형식미를 깊이 이해하고, 그 위에 자신만의 언어와 감정을 오롯이 얹는 데 성공했다. 전통이라는 '틀'을 억압으로 여기지 않고, 오히려 그 틀 안에서 새로운 감정의 그릇을 만들어냈다. 그것은 마치 좁은 정원 안에서 한 그루의 소나무가 푸르게 우거지는 풍경과 닮았다. 제한된 공간 속에서도 생의 절정을 피워낸 시인의 시심이, 이 시조집 곳곳에서 발견된다.

『저 푸른 바람 소리』는 단지 한 권의 시조집이 아니다. 그것은 시인이 살아낸 생애의 단면이며, 동시에 독자가 겪어낸 삶의 에코다. 이 시조집은 독자에게 말을 건네지 않는다. 대신 가만히 곁에 앉아, 마음속 바람을 함께 느끼게 한다. 그것이 바로 박무성 시조의 따뜻함이며, 그의 문학이 지닌 조용한 울림이다.

  향후 시조 시단에서 박무성의 이와 같은 시적 기조는 하나의 중요한 지향점이 될 수 있다. 전통의 계승에 그치지 않고, 그 위에 새로운 감각과 정서를 덧입히는 작업. 그것이 시조를 단순한 형식 문학이 아닌 살아있는 정서의 형식으로 되살리는 길이기 때문이다. 박무성은 그 길을 지금도 묵묵히 걷고 있다. 『저 푸른 바람 소리』는 그러한 발걸음의 흔적이자, 시조 시단에 남긴 조용한 성취의 기록이다.